EDWARD JENNER

La vacuna contra la viruela

Por Mélanie Mettra
Traducido por Laura Soler Pinson

Historia en50MINUTOS.es

EDWARD JENNER

- **¿Nacimiento?** El 17 de mayo de 1749 en Berkeley (Gran Bretaña).
- **¿Muerte?** El 23 de enero de 1823 en la misma ciudad.
- **¿Principal aportación?** La invención de la vacuna contra la viruela.

Durante siglos, las epidemias de peste, viruela, cólera, poliomielitis y sarampión han sacudido a la sociedad europea y, todavía hoy en día, siguen siendo una fuente de preocupación para los países en vías de desarrollo. Ya desde la Antigüedad, se llevan a cabo experimentos de todo tipo para intentar frenar estas enfermedades que, ocasionalmente, se cobran su tributo en vidas humanas: plantas, pociones, pero también técnicas más arriesgadas, como la exposición voluntaria a las enfermedades intuyendo la inmunización. Con estas últimas se obtendrán resultados aleatorios hasta finales del siglo XVIII y principios del XIX, cuando se inicia una auténtica revolución. Tras un siglo de avances en anatomía y en cirugía, la ciencia se centra en la epidemiología y se interesa por lo microscópico. La viruela, enfermedad endémica y epidémica mortal, es la primera víctima de estos importantísimos descubrimientos. En efecto, la inoculación de la enfermedad atenuada por contacto directo, practicada en China desde hace más de mil años, por fin llega a Europa gracias a Lady Mary Wortley Montagu (mujer de letras inglesa, 1689-1762) en 1721. Setenta años más tarde, un médico rural británico, Edward Jenner, establece la relación entre la viruela de la vaca (viruela bovina), una enfermedad benigna, y la viruela. Incluso antes de que Robert Koch (médico alemán, 1843-1910) y Louis Pasteur (químico y biólogo francés, 1822-1895) descubran el papel de los microorganismos (bacterias y, después, virus) como agentes infecciosos, Jenner inventa la vacuna, algo que cambiará de manera decisiva la relación del hombre con las epidemias y con la salud.

BIOGRAFÍA

LA PASIÓN POR LAS CIENCIAS

Edward Jenner nace el 17 de mayo de 1749 en Berkeley, en Gloucestershire, un condado del suroeste del Reino Unido, fundamentalmente rural y dedicado a la ganadería para la producción de leche. Su padre, Stephen Jenner (muerto en 1754), es un pastor anglicano. Edward, huérfano a los 5 años, es criado por sus dos hermanos mayores, también pastores. El joven en seguida desarrolla un enorme interés por el estudio de la naturaleza y colecciona fósiles.

Con 13 años, entra como aprendiz junto a Daniel Ludlow, un cirujano y farmacéutico de la ciudad de Sodbury —cerca de Bristol—, quien decide enviarlo a Londres para que complete su formación. Así, en 1770, Edward Jenner se convierte en alumno de John Hunter (1728-1793), famoso cirujano y anatomista del hospital San Jorge de Londres. Junto a su mentor y amigo obtiene una sólida formación. Un año más tarde, tras haber efectuado la catalogación de la colección de los ejemplares que el explorador británico James Cook (1728-1779) ha traído, se le ofrece un puesto de naturalista en su nueva expedición. Sin embargo, rechaza la propuesta, ya que prefiere volver a su tierra natal para ejercer como médico. Vuelve a Berkeley en 1773.

Retrato de Edward Jenner, por John Raphael Smith.

Miembro reconocido de su comunidad, ejerce su profesión con su sobrino, que lo asiste, y recibe a los pacientes en su casa The Chantry o realiza visitas a domicilio en las granjas de la región. En 1788, se casa con Catherine Kingscote (1761-1815), con quien tiene cuatro hijos. Ese mismo año, su amplio estudio sobre las costumbres del cuco le permite ser elegido miembro de la Royal Society. Por otra parte, lleva a cabo experimentos sobre la sangre humana e intenta volar a bordo de globos llenos de hidrógeno, tras la demostración de los hermanos Montgolfier.

EL DESCUBRIMIENTO DE LA RELACIÓN ENTRE VIRUELA BOVINA Y VIRUELA

De todas las plagas epidémicas a las que se enfrenta Edward Jenner, la viruela se caracteriza por una importante mortalidad y por los estragos cutáneos que afectan a los supervivientes. Desde principios del siglo, la observación ha permitido establecer que sufrir una variante atenuada de la enfermedad inmuniza contra esta. Así, en India, se envuelve a niños en las mantas de los enfermos. A principios del siglo XVIII, Lady Mary Wortley Montagu, esposa del embajador de Gran Bretaña en Constantinopla, se inocula el pus que extrae de las llagas a sí misma y a sus hijos. Incluso logra convencer a la familia real para que siga ese procedimiento.

Así, Edward Jenner no descubre el principio de la inoculación, sino el uso de un virus semejante a la viruela y en una forma atenuada. Como anécdota, se dice que Edward Jenner habría tenido la idea de utilizar el virus *cowpox* para «vacunar» contra la viruela (*smallpox* en inglés) al escuchar un dicho popular en boca de una chica de granja, según el cual contraer la viruela de la vaca (enfermedad infecciosa benigna transmitida por un virus bovino mientras se ordeña) protegía de la viruela. En realidad, Edward Jenner, que ha pasado toda su infancia en el campo y que ha curado sobre todo a granjeros y ganaderos, seguramente haya escuchado y observado muy a menudo, por sí mismo, esta relación entre viruela de la vaca y viruela. Así, en 1796, recoge pus de las llagas de una joven enferma de viruela bovina, Sarah Nelms, y lo inocula a un niño de 8 años, James Phipps. Unas semanas después de esta primera inoculación, que ha provocado la aparición de algunos síntomas, Edward Jenner vuelve a repetir el proceso, pero esta vez con el virus de la viruela: James Phipps no desarrolla la enfermedad.

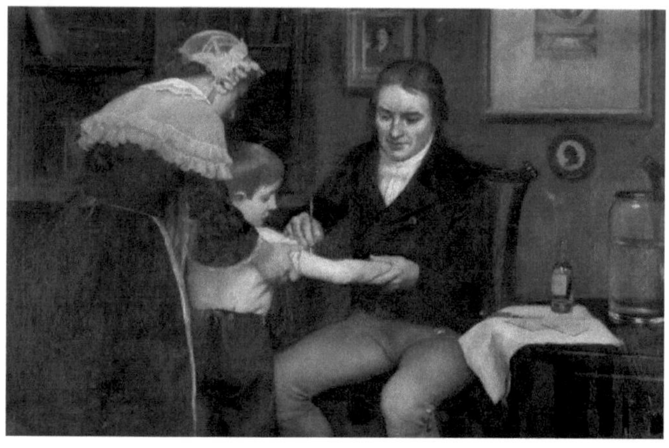

Jenner realizando su primera vacunación en James Phipps el 14 de mayo de 1796, cuadro de Ernest Board.

El informe de este experimento, enviado en 1797 a la Royal Society, suscita debates. Tras haber llevado a cabo nuevos experimentos, Edward Jenner publica un fascículo para contarlos y bautiza su procedimiento como «vacunación». Este último se va extendiendo poco a poco por Gran Bretaña y, más adelante, por el resto de Europa. En 1802 y en 1805, el Parlamento le otorga una cantidad de 10 000 y 20 000 libras respectivamente, como recompensa por sus servicios al reino.

UN FINAL DE VIDA MARCADO POR EL DUELO

Mientras que su descubrimiento modifica y mejora la salud de miles de personas, Edward Jenner pierde progresivamente a sus seres cercanos. Su amigo John Hunter desaparece en 1793, y su hijo mayor Edward y su hija Mary mueren de tuberculosis en 1810. Anne, su hija pequeña, fallece en 1812 y lo mismo sucede con Catherine, su esposa, tres años más tarde.

Entonces, Edward Jenner se retira de la vida pública. Sufre un primer accidente cerebral en 1820, del que se recupera. Pero el 24 de enero de 1823, justo después de su última visita a uno de sus pacientes, se desploma en su despacho, fulminado por un nuevo ataque. Muere el 26 de enero y es enterrado junto a sus padres y su familia en el cementerio de Berkeley.

CONTEXTO

UN REINO EN PLENA TRANSFORMACIÓN

En 1603, Isabel I (1533-1603), que lleva a la cabeza del reino de Inglaterra más de cuarenta años, muere sin dejar herederos. Por lo tanto, es Jacobo IV de Escocia (1566-1625) quien la sucede bajo el nombre de Jacobo I. Es el hijo de María Estuardo (reina de Escocia y de Francia, 1542-1587), a quien Isabel mandó apresa y ejecutar dieciséis años atrás. De esta manera, los reinos de Inglaterra y de Escocia quedan unidos personalmente, aunque cada uno sigue conservando su propio parlamento. Pero el siglo XVII se ve marcado por los continuos enfrentamientos entre ambos pueblos, por la primera revolución que lleva a cabo Oliver Cromwell (soldado y hombre político inglés, 1599-1658), instaurando una república efímera, y por el regreso posterior de los Estuardo al trono. La conversión al catolicismo de Jacobo II (1633-1701) y su apoyo a la Iglesia católica en un país mayoritariamente anglicano provoca una segunda revolución, que lleva al trono en 1688 a Guillermo III de Orange (1650-1702), cuñado de Jacobo II. En 1701, Guillermo todavía no ha tenido hijos, por lo que el Acta de Establecimiento organiza la sucesión de los soberanos de Inglaterra para evitar el regreso de los Estuardo católicos. Así, en caso de que no haya heredero, el cetro le pertenece a la descendiente de Jacobo I, Sofía, la electora de Hamburgo (1608-1705).

La siempre frágil relación entre Escocia e Inglaterra se ve de nuevo sacudida por esta expulsión de los Estuardo. Así pues, el Parlamento de Londres presenta un proyecto de unión de ambos países y la fusión de los dos parlamentos en uno solo. El Parlamento de Edimburgo no tiene otra opción, ya que su rechazo se vería acompañado de sanciones económicas importantes a las que no podría hacer frente. De esta manera, en 1707 acepta un Acto de Unión que reúne a Inglaterra y a Escocia. Hasta finales del siglo XX y hasta la Ley de Escocia (Scotland Act en inglés) de 1998, Escocia ya no tendrá un parlamento independiente.

La guerra de Independencia de Estados Unidos (1775-1782) también marca la historia política de Inglaterra en el siglo XVIII. Este país, en conflicto contra Francia desde 1756 —en la que se llamará la guerra de los Siete Años—, ve cómo el marco de las operaciones, que hasta entonces se limitaba a Europa, se desplaza a América. En efecto, los territorios que posee Francia, que se extienden desde Canadá hasta el golfo de México, rodean peligrosamente los estados británicos, lo que provoca enfrentamientos entre las dos naciones en suelo americano. En 1763, tras haber firmado el Tratado de París que da por concluida la guerra a expensas de Francia, este país pierde la mayor parte de sus colonias y el rey Jorge III (1738-1820) aprovecha para reforzar la posición de la corona británica en el continente americano. Frente a esta presión, los estadounidenses reaccionan boicoteando los productos ingleses. Pero ante las medidas cada vez más represivas que adopta el Gobierno británico, el descontento termina por manifestarse a través de revueltas violentas. La insurrección se convierte en una guerra, que lidera Georges Washington (militar y hombre de Estado estadounidense, 1732-1799) entre otros, y que apoya Francia. Tras unos rudos combates, los trece estados estadounidenses adoptan la

Declaración de Independencia el 4 de julio de 1776, pero la nueva república federada de Estados Unidos no será reconocida oficialmente por el Reino Unido hasta el Tratado de Paz de París de 1783.

LA REVOLUCIÓN ECONÓMICA INGLESA

A pesar de que pierde sus colonias estadounidenses, el Reino Unido vive en el siglo XVIII un increíble auge económico. Este se produce primero en la agricultura, transformada por una auténtica revolución que, en un primer momento, pasa por el retroceso del barbecho. Con la rotación trienal, necesaria para conservar la fertilidad de la tierra, resulta necesaria una rotación de los cultivos y el reposo de una parte de las parcelas. Gracias al desarrollo de los cultivos forrajeros (leguminosas y nabos) que enriquecen el suelo, ahora ya pueden cultivarse las tierras que se dejaban en barbecho. Además, lo interesante de su producción es que sirve de alimento al ganado. La ganadería también se aprovecha de un nuevo procedimiento que han perfeccionado los británicos: la selección de razas para obtener el mejor rendimiento en carne, leche y lana. El granjero Robert Bakewell (1725-1795), inspirado por los experimentos que se llevan a cabo sobre las vacas lecheras y los caballos durante el siglo XVII, centra toda su atención en las reses, las ovejas y los cerdos.

Retrato de Robert Bakewell.

Instaura una alimentación rigurosa y, sobre todo, controla la reproducción para acabar creando, en particular, el tipo ovino New Leicester, que surge del tipo Lincoln, con una carne más fina. En 1783, crea la Dishley Society y a través de ella alquila sus carneros sementales. Así, consagra la selección genética de los animales domésticos. Con estas medidas, inspira a toda una generación de ganaderos, de los que nacerán algunas de las razas ovinas y bovinas más famosas. Si bien el fin del barbecho tuvo consecuencias en la ganadería, lo cierto es que esta contribuye a su vez a mejorar los cultivos gracias al abono que proporciona.

Los estudios de agrónomos de renombre, como Jethro Tull (1674-1741) o Arthur Young (1741-1820), también contribuyen a esta revolución agrícola, ya que terminan con las hambrunas, pero también transforman la estructura social del mundo campesino. En efecto, el movimiento de los cercamientos y la proliferación de las grandes fincas llevan al éxodo de los pequeños agricultores hacia la ciudad y hacia la industria, que está en desarrollo. Por supuesto, esta no se queda atrás, e Inglaterra es, de lejos, el precursor de la revolución industrial que se producirá en el siglo siguiente. La industria siderúrgica se ve ralentizada primero por la falta de madera, difícil de encontrar en suelo británico y, sin embargo, necesaria para la combustión de los altos hornos. Los industriales, que hasta entonces dependían de las importaciones de Rusia y de Escandinavia, se dirigen hacia el carbón (*coque*). Así, se abre en Gran Bretaña la era de las minas.

El siglo XVIII también es el del nacimiento de la industria textil que marcará la economía inglesa durante dos siglos. El hilado de lana, el de la seda y, sobre todo, el del algodón se mecaniza a partir de los años 1760. Asimismo, asistimos al nacimiento del mundo obrero.

Todas estas transformaciones dentro de la población y de las estructuras de producción tendrán un impacto considerable en la economía inglesa. Gracias a su importante flota, sus redes coloniales, sus cultivos e industrias que ahora producen excedentes, Gran Bretaña se ha convertido en una potencia comercial principal. Londres, que vive un crecimiento demográfico sin precedentes, es la ciudad más rica de Europa, y el barrio de la City se especializa en las operaciones financieras. Pero no todo el mundo disfruta de esta riqueza, y una parte de la sociedad se ve excluida y sufre las consecuencias.

LA REVOLUCIÓN MÉDICA

Edward Jenner, como médico y cirujano, y más tarde como inventor de la vacuna, se inscribe en una época de grandes cambios médicos. En Inglaterra, la profesión tiene un marco muy preciso. En 1511, el Medical Act de Enrique VIII (1509-1547) define un cuerpo de especialistas que practican a la vez la medicina, la cirugía y la farmacia, y forman a aprendices. En 1518, nace el Royal College of Physicians en Londres, cuyo ingreso requiere la formación en las prestigiosas universidades de Oxford o de Cambridge.

Durante el siglo XVI, las profesiones se diferencian cada vez más unas de otras y los médicos confían la elaboración de remedios a los boticarios. En seguida, estos últimos acompañan la entrega de pociones con consejos y consultas médicas, lo que provoca un cierto número de disputas con los *physicians*. No obstante, obtienen el reconocimiento de sus artes (y de su largo aprendizaje de siete años) a través de una Sociedad de Boticarios de Londres, que nace en 1617 y que durante casi dos siglos proporciona una formación de calidad tanto en botánica y farmacia como en medicina general. Otros especialistas del saber hacer médico, los cirujanos barberos, se especializan en la cirugía (en el sentido actual de la palabra) gracias a los numerosos descubrimientos que se efectúan en anatomía. Con las obras de Miguel Servet (médico y teólogo español, 1511-1553), de Andrés Vesalio (médico anatomista flamenco, 1514-1564), de Gabriel Falopio (médico anatomista italiano, 1523-1562) y de William Harvey (médico anatomista inglés, 1578-1657), el conocimiento del cuerpo humano progresa a grandes pasos.

En Inglaterra, William Cheselden (1688-1752) efectúa por primera vez una incisión pubiana para llegar hasta la vejiga; John Hunter, el maestro de Edward Jenner, utiliza la ligadura de las arterias para tratar los aneurismas, y Astley Copper (1768-1841) abre el camino de la cirugía vascular. Los cirujanos británicos (*surgeons*) se reúnen a partir de 1800 en el Royal College of Surgeons. Por otra parte, la educación se libera de las clases magistrales y teóricas que se dan en las universidades y se apoya cada vez más en la práctica en los hospitales e, incluso, en las escuelas privadas como la Great Windmill School, que crea en 1746 el hermano de John Hunter, William (médico anatomista escocés, 1718-1783). Estas evoluciones, que sientan las bases de la medicina contemporánea, afectan sobre todo a la ciudad de Londres. Edward Jenner, que primero ha sido formado por un médico rural y que él mismo ejerce como tal, se queda en parte anclado en la tradición del médico, cirujano y boticario. Pero sus estudios en Londres bajo la dirección de John Hunter y su amistad le permitirán aportar su granito de arena a los progresos de la medicina.

MOMENTOS CLAVE

UN PRIMER DESCUBRIMIENTO DE NATURALISTA

El primer descubrimiento de Edward Jenner, que solo se reconoce a principios del siglo XX, viene de su interés por el naturalismo, que ya le había permitido conocer a James Cook. Tras un mal de amores, su amigo y profesor John Hunter le habría recomendado que estudiara las costumbres del cuco para distraerse. Este es un pájaro parásito que pone sus huevos en el nido de otros pájaros y sus pequeños son alimentados por los padres adoptivos. Edward Jenner demuestra que, al contrario de lo que se pensaba hasta entonces, no son los adultos quienes empujan fuera del nido del huésped los huevos de la otra especie, sino los polluelos. Una vez que el huevo eclosiona, estos últimos van haciendo rodar los huevos fuera del nido para disfrutar de más comida. El artículo que Edward Jenner publica en 1788 le permite ser elegido en la Royal Society. Sin embargo, durante mucho tiempo sus contemporáneos ponen en duda su descubrimiento, y habrá que esperar a principios del siglo XX y al uso de la fotografía para confirmarlo.

Edward Jenner será un apasionado del naturalismo durante toda su vida. Una de sus últimas obras, publicada a título póstumo, está dedicada por completo a los pájaros migradores.

LOS ESTRAGOS DE LA VIRUELA Y LAS INOCULACIONES DE LA PRIMERA MITAD DEL SIGLO XVIII

La viruela (causada por un *poxvirus*, el *smallpox*) es una antigua enfermedad de la que se han encontrado rastro en momias egipcias. En Europa, aparece explícitamente en los textos a partir del siglo XV. Las epidemias golpean con mucha frecuencia el continente y diezman la población (entre un 10 y un 20 % de los enfermos muere a causa de ello, y otros tantos quedan mutilados). Esta enfermedad, a la que llaman la plaga de las familias por su alto riesgo de contagio, es más mortal que la peste, y se manifiesta con una fiebre alta, dolores de cabeza, agujetas y, sobre todo, con erupciones de pústulas que causan graves lesiones cutáneas si el enfermo se recupera. Los supervivientes también pueden sufrir ceguera o minusvalías físicas.

Ya a partir de los primeros siglos de nuestra era, los chinos practican la variolización, que consiste en exponer a los niños pequeños a materiales contaminados para que desarrollen una forma atenuada de la enfermedad. Para ello, se emplean diversas técnicas: la mucosidad que se ha recogido de las pústulas se seca durante varios años, se coloca en un algodón y se inserta en las narinas, o el niño es envuelto en las ropas de un enfermo durante tres días y tres noches. Este procedimiento, al que se llama inoculación, se va expandiendo poco a poco por Europa gracias a los viajeros, descubridores y comerciantes que conectan Asia y Europa. En Turquía, Emmanuel Timoni (1669-1720), médico italiano en la embajada de Gran Bretaña, redacta un informe detallado sobre esta práctica destinado a la Royal Society. También informa a Lady Mary Wortley Montagu, esposa del embajador británico. Así, esta mujer pintoresca, conocida por su correspondencia sobre su vida cotidiana en Constantinopla, escribe que la costumbre de la variolización es una tradición que se efectúa para proteger la belleza de las mujeres destinadas a ser vendidas como esclavas. Su propio hijo es inoculado en Constantinopla y su hija, cuando vuelve a Londres, en 1721.

Lady Mary Wortley Montagu con su hijo Edward, cuadro de Jean-Baptiste van Mour.

En ese momento, Lady Montagu relata los hechos en la corte del rey Jorge I (1660-1727) y suscita el interés de la princesa de Gales. El rey ordena que se proceda a la variolización de prisioneros —a cambio de su libertad— y, más adelante, de niños de los barrios pobres. Tras el éxito de estos experimentos, les toca el turno a las hijas pequeñas de Jorge I, Amelia y Carolina. El método que se utiliza en Inglaterra y que, dentro de poco, se empleará en toda Europa consiste en recoger pus, practicar una incisión en una vena del paciente y poner en contacto el líquido infectado y la sangre. A ello le siguen varios días de fiebre, eventualmente algunos granos y, después, el enfermo recobra su salud. A pesar de todo, la técnica sigue siendo arriesgada: uno de cada 50 pacientes muere tras haber contraído una forma grave de la enfermedad.

El primer médico londinense que efectúa la inoculación es Charles Maitland (1668-1748). En seguida, otros médicos, cirujanos y boticarios londinenses se suman a esta nueva práctica, que se extiende por Inglaterra. Así, en 1722, casi 40 personas son variolizadas en Halifax, en Yorkshire. A continuación, y siempre a través de las publicaciones de la Royal Society, el procedimiento llega a Boston y a Estados Unidos. Pero, ante todo, es la élite la que se beneficia de ello.

La viruela también se ensaña con los grandes de este mundo. Luis XV (rey de Francia, 1710-1774) muere a consecuencia de esta enfermedad después de que hayan aparecido los primeros síntomas el 26 de abril. Por miedo al contagio, es encerrado en un ataúd triple y el número de personas que sigue su cortejo fúnebre es muy reducido. Antes que él, Luis XIV (rey de Francia, 1638-1715) había sobrevivido a la viruela con 9 años, al igual que los revolucionarios Honoré-Gabriel Riqueti de Mirabeau (hombre político francés, 1749-1791), Maximiliano Robespierre (hombre político francés, 1758-1794) o Georges Danton (hombre político francés, 1759-1794), cuyos rostros cubiertos de cicatrices han pasado a la historia.

En Inglaterra, Isabel I enferma de viruela a los 19 años y se maquilla la cara para disimular las marcas. En Estados Unidos, Georges Washington y Abraham Lincoln (presidente de Estados Unidos, 1809-1865) también llevan las huellas de esta plaga.

EL NACIMIENTO DE LA VACUNACIÓN

Por sus estudios y como miembro de la Royal Society, Edward Jenner está al tanto de la inoculación, que efectúa regularmente. Pero el ejercicio de la medicina rural, sobre todo en una región ganadera, va a resultar determinante. En efecto, entre sus pacientes se encuentran vaqueras encargadas de ordeñar que nunca habían contraído la viruela, mientras que todas habían enfermado de viruela de la vaca, llamado *cowpox* en inglés, *vaccinia* en latín y bovina o de la vaca en español. Además, está en contacto con los ganaderos, de quienes aprende que prefieren contratar a personas que ya hayan tenido la viruela, ya que parecen menos susceptibles de transmitir de vaca en vaca el *cowpox* en periodos de epidemia. Así, emite la hipótesis de que viruela bovina y la viruela guardan algún vínculo y que las dos no pueden ser contraídas por la misma persona. De esta manera, la bovina, benigna, podría impedir que uno enfermara de viruela, mortal. Para corroborar esta intuición, el 14 de mayo de 1796 inocula a un niño de 8 años, James Phipps, no con pus de pústula variólica, sino con la linfa que toma de las erupciones de Sarah Nelmes, enferma de viruela bovina. Tras diez días de incubación, el niño solo presenta un grano en el punto de inoculación y un vago malestar. Mes y medio más tarde, Edward Jenner decide someterlo al contacto con el virus de la viruela escarificándole el brazo. Al cabo de dos años, tras repetidas exposiciones, el chico no contrae el virus. Edward Jenner repite el experimento y termina por publicar en 1798 *An inquiry into the causes and effects of the variolae vaccinae* («*Investigación sobre las causas y los efectos de la viruela vacuna*»). Bautiza su método como «vacunación», tomando como referencia la palabra latina que designa *cowpox*. En las tres grandes partes que componen su obra, primero presenta sus hipótesis sobre el origen del *cowpox* y su vínculo con el *smallpox*. En efecto, observa que las vacas que amamantan no sufren la infección, pero sí los animales a los que se ordeña. Se interesa por la higiene en las granjas y observa que las epizootías perdonan a las más limpias. En la segunda parte, elabora un informe minucioso sobre sus experimentos y habla, en particular, de la importancia de extraer la linfa «vacunal» de las vesículas de la orina de las vacas enfermas antes de que la infección haya desaparecido, ya que se corre el riesgo de obtener un líquido ineficaz. Para acabar, concluye con distintas cuestiones relativas a la viruela y al procedimiento vaccíneo. En un primer momento, su opúsculo recibe una tibia acogida. Algunas de sus afirmaciones (como la relativa al origen equino de la viruela bovina) no están comprobadas, y esto da argumentos a sus detractores. En Londres, poco después de entregar sus investigaciones a la Royal Society, no encuentra a ningún voluntario para seguir con el experimento. Pero en 1803 se crea la Royal Jennerian Society, patrocinada por los príncipes de Gales, para promocionar la vacunación con el objetivo de erradicar la viruela. En menos de cincuenta años, la vacunación remplaza progresivamente a la variolización, cuya práctica se prohíbe en Inglaterra en 1840.

INMUNIZAR SIN RIESGO

Aunque en un primer momento a Edward Jenner le cuesta convencer a sus contemporáneos, la inmensa ventaja de la vacuna es su inocuidad total. El paciente ya no está en contacto con un virus que es potencialmente grave, sino con una enfermedad benigna que lo protege con la misma eficacia. No obstante, el mecanismo inmunológico de la vacunación todavía se desconoce por completo. Desde hace miles de años, los hombres han podido observarlo: un enfermo que sobrevive a la peste, a la viruela o al sarampión no vuelve a contraer estas dolencias. Se explota considerablemente este saber empírico con la exposición deliberada a formas atenuadas de las enfermedades con fines preventivos. Sin embargo, Edward Jenner no intentó comprender el proceso inmunológico. Como muchos de sus contemporáneos, probablemente pensó que dos enfermedades similares no podían coexistir en un mismo individuo. Por lo tanto, hasta finales del siglo XIX, con la aparición de los trabajos de Louis Pasteur y Robert Kroch, la inmunología sigue siendo rudimentaria.

LA VACUNACIÓN A LA CONQUISTA DE EUROPA Y DEL MUNDO

La vacunación en seguida se extiende por Inglaterra y por el resto de Europa. En efecto, médicos vacunadores embarcan en barcos de la flota británica en el Mediterráneo y en el océano Atlántico y difunden el método en Malta, en Sicilia y en Baleares.

En el continente, Suiza es la primera en tener en cuenta el descubrimiento de Edward Jenner. A partir de 1798, poco después de sacar a la luz *Investigación*, la revista de divulgación médica *Bibliothèque britannique* («Biblioteca británica»), publicada en Ginebra, difunde la información y la vacuna producida en Gran Bretaña viaja en hilos de algodón metidos en tubos. En Viena, es un médico ginebrés quien introduce el procedimiento. En Italia, en Milán, Luigi Sacco (1769-1836) lleva a cabo él mismo recogidas de muestras en las vacas lombardas. Tras el ejemplo de Catalina II (emperadora de Rusia, 1729-1796), que había sido inoculada en 1768, la emperadora viuda María Feodorovna (1759-1828) intenta propagar la vacunación en Rusia. A partir de 1800 se efectúa en Bruselas y en 1802, en España.

En Estados Unidos, se desarrolla gracias a Benjamin Waterhouse (médico y profesor de medicina en Harvard, 1754-1846) y al vicepresidente Thomas Jefferson (1743-1826). En efecto, Benjamin Waterhouse publica en marzo de 1799 un artículo sobre el método y su eficacia en un periódico de Boston, el *Columbia Sentinel*, y vacuna a su mujer y a sus hijos. Amigo del presidente estadounidense John Adams (1735-

1826), le escribe para proponerle sus servicios en el marco de una gran campaña de vacunación. Frente a la respuesta educada, pero evasiva del presidente, Benjamin Waterhouse se dirige al vicepresidente, Thomas Jefferson. Este último, erudito y apasionado de las ciencias, le responde con entusiasmo e introduce la vacunación en su estado de Virginia, gracias a los frascos que Benjamin Waterhouse envía desde Boston y que, a su vez, recibe de Gran Bretaña.

Por su parte, Francia se había mostrado hasta ese entonces relativamente hostil a la inoculación. A pesar de la campaña que lidera Voltaire (escritor francés, 1694-1778), de las recomendaciones reiteradas de la Academia de las Ciencias, e incluso si el primo del rey, Luis Felipe de Orleans (1747-1793), ha dado ejemplo inoculando a sus propios hijos, un gran número de intelectuales franceses muestra su reticencia. Pero la vacunación correrá una suerte muy diferente, sobre todo gracias al Imperio. A partir de 1800, se crean dos comisiones en la Escuela de Medicina de París y en el Instituto Nacional, que se aprovisionan de tubos de «fluido vacuno». La transmisión de estos conocimientos también se ve favorecida por los viajes de médicos entre Londres y París, que financia el ministro del Interior, Charles-Maurice de Talleyrand (1754-1838). Todas las semanas se abren centros de vacunación y todos los hospitales parisinos vacunan sistemáticamente a los niños que reciben. En febrero de 1801, se crea un Comité Central de la Vacuna y el entusiasmo por la vacunación traspasa los límites de la capital francesa. Se ve difundida con brío por el clero, que contribuye enormemente en las campañas de vacunación. Napoleón I (emperador de los franceses, 1769-1821) vacuna a su hijo y a todos los soldados del Ejército Imperial Francés. Además, un decreto de 1809 otorga sumas de dinero a los prefectos para la creación de depósitos de vacunas.

Para acabar, en China, cuna de la variolización, la vacunación recibe la aceptación del pueblo. Los colonos europeos, que ocupan Asia, presumen de vacunar a la población local, que se muestra bastante receptiva con respecto a este método que recuerda a antiguas prácticas de inoculación, como la ingestión de garrapatas y de sangre de búfalos. Seguramente, los chinos ya habían establecido la relación entre la enfermedad de los bóvidos y la viruela.

DE LA IMPORTANCIA DEL CULTIVO DE LOS GÉRMENES

A principios del siglo XIX, la vacunación se lleva a cabo primero con la vacuna elaborada en Inglaterra por Edward Jenner, que trabaja en el material vaccíneo para obtener el mejor resultado. La linfa debía ser recogida de las vesículas no infectadas de las vacas y su conservación sobre un cierto lapso de tiempo permitía disminuir la posible aparición de efectos secundarios, incluso benignos. Pero la antivariólica, transportada en frascos mal sellados o sometidos a viajes demasiado largos, no siempre tiene el resultado deseado. De hecho, el propio Thomas Jefferson se queja a Benjamin Waterhouse tras el fracaso de un cierto número de vacunaciones. Esta aparente falta de fiabilidad es uno de los argumentos que emplean los opositores de Edward Jenner. Sin embargo, esta observación, que sigue siendo empírica, vendrá explicada en los trabajos de Louis Pasteur, que muestra la importancia de la duración y de las condiciones de los gérmenes en la elaboración de las vacunas. No obstante, rápidamente, la vacunación se hace de brazo en brazo: la vacuna se toma del grano de inoculación que presenta el brazo de un niño ya vacunado (niño vaccinífero) y se inocula en el niño que debe vacunarse.

REPERCUSIONES

LA POLÉMICA BENJAMIN JESTY

La lucha contra la viruela y contra las demás enfermedades infecciosas mediante numerosos intentos empíricos data de varios milenios. Desde este punto de vista, Edward Jenner no es un genio innovador. De hecho, sus colegas de profesión le reprochan que se atribuya un descubrimiento que en su opinión no es tal. La historia de Benjamin Jesty (1736-1816) sirve como testimonio. Este rico granjero de Dorset tiene contratadas a Ann Notley y a Mary Read, ambas encargadas de ordeñar a las vacas y que han contraída la viruela bovina. En 1774, una epidemia de viruela golpea a la región. Los hermanos y sobrinos de estas enferman, pero ni Ann ni Mary se infectan, a pesar su estrecho contacto con los pacientes. Benjamin Jesty, que observa este fenómeno, decide llevar a su mujer y a sus dos hijos, de dos y tres años, a casa de un vecino cuyas vacas son portadoras del *cowpox*. Gracias a las agujas de su esposa, inocula la sustancia infectada que recoge de los rumiantes. Los hijos no muestran ningún síntoma y, si bien es cierto que Elizabeth Jesty sufre de fiebre y malestar, ninguno enferma de viruela en los años siguientes, a pesar de la presencia endémica de la enfermedad y, sin duda, de una exposición por inoculación voluntaria de la que se encarga Benjamin Jesty. De hecho, este es invitado en 1805 a Londres para rendirle un homenaje —y, probablemente, también para minimizar el papel de Edward Jenner—.

¿Estaba Jenner al tanto del experimento de Benjamin Jesty? Es difícil saberlo. Lo cierto es que, a pesar de que está lejos de ser el primero en haber relacionado viruela bovina y viruela, al menos tiene el mérito de haber seguido un proceso que ya no es empírico, sino científico, multiplicando los experimentos y, sobre todo, elaborando un informe detallado que explica el procedimiento vaccíneo. En particular, estudia el material vaccíneo para que sea eficaz y apenas presente efectos secundarios —según el principio de la atenuación de los gérmenes, que servirá de base para la vacunación pasteuriana—, y organiza su conservación y su transporte. Aunque no descubre la antivariólica, lo cierto es que ha hecho posible la vacunación a gran escala.

LOS ARGUMENTOS CONTRA LA VACUNA

Aunque el descubrimiento de Edward Jenner conquista rápidamente al mundo, también recibe rechazo y cosecha muchas críticas. Desde su publicación, la *Investigación* genera sátiras, caricaturas y panfletos. Se crean sociedades contra la vacunación desde principios del siglo XIX, sobre todo en Gran Bretaña. Médicos y no médicos denuncian la supuesta inocuidad de la vacuna e, incluso, llegan a negar su eficacia. En Francia, los primeros opositores son a menudo antiguos variolizadores, para los que la vacuna supone un cuestionamiento de su propio trabajo. Además, una parte —muy minoritaria— del clero opone la vacunación al Evangelio, y anima a sus fieles a rechazarla.

En esa época, una cierta cantidad de preguntas sin respuesta agita también al mundo de la ciencia. ¿La vacuna protege de por vida o hay que vacunarse periódicamente? ¿La vacuna antivariólica animal (desacreditada tanto por teólogos como por filósofos) es preferible a la vacuna antivariólica humana? Su fiabilidad se pone en entredicho cuando vuelve a aparecer la epidemia a mediados del siglo XIX. Enfermedades que parecen vinculadas a la vacuna, por su concomitancia temporal, provocan temores y rechazos. Así, en 1880, aparece en Francia la Liga Universal de los Antivacunadores, que se opone al proyecto de ley de obligación de la vacunación. Así, la historia de la vacuna se ve marcada por los debates que suscita y por los avances que estos permiten, tal y como ocurre en las ciencias en general.

MEDICINA Y FILOSOFÍA

Los filósofos siempre se han mostrado muy interesados por la ciencia y por sus consecuencias. En el siglo XVIII, Voltaire defiende la variolización, mientras que d'Alembert (filósofo francés, 1717-1783) teme el riesgo de muerte que provoca. Por su parte, Kant (filósofo alemán, 1724-1804) rechaza la vacunación por las mismas razones que d'Alembert. Y es que estas dos morales se oponen: en caso de enfermedad, el hombre se expone al peligro de una muerte natural, mientras que en el de la vacunación, se pone en riesgo de forma voluntaria. En el primer caso sufre, y en el segundo, es responsable de ello. Para los partidarios de la moral consecuencialista, una muerte es una muerte y lo que importa es la consecuencia a largo plazo de reducir el número. Para la moral deontológica, cargar con la responsabilidad de correr el riesgo de atentar contra una vida, por ínfimo que sea, es inmoral. En el fondo, es un debate que todavía existe con respecto a la vacunación.

EL DESARROLLO DE LAS VACUNAS Y EL NACIMIENTO DE LA INMUNOLOGÍA

Mientras que Edward Jenner solo había tenido una conciencia empírica, el principio de atenuación de la virulencia de una bacteria o de un virus va a ser el pilar central de la inmunología, que nace gracias a los trabajos de Robert Koch y Louis Pasteur. En efecto, los dos descubren que las enfermedades están causadas por microorganismos.

El primero es un médico rural alemán, como Edward Jenner. Inventa el bacilo de la tuberculosis y el vibrión colérico, pero primero se da a conocer por sus descubrimientos fundamentales sobre la relación entre gérmenes y enfermedad. En 1876, lleva a cabo un cultivo de bacteridias que descubre en la sangre de los animales que padecen la enfermedad del carbunco, que afecta a los bovinos y, a veces, al hombre. Cuando se inocula en ratones, estos desarrollan la enfermedad a su vez, lo que demuestra la relación directa entre esta y la bacteria.

Retrato de Robert Koch.

En 1877, el francés Louis Pasteur confirma este descubrimiento y estipula reglas de higiene, mostrando que estas limitan la proliferación de los agentes patógenos. Pero solo cuando está estudiando el cólera de las gallinas se le aparece la idea de la vacuna. Cultiva las bacterias en entornos más o menos favorables, y así obtiene materiales vaccíneos más o menos virulentos. A continuación, somete a las gallinas a inyecciones de «vacuna» que provienen de estos distintos cultivos. Observa que los animales expuestos a gérmenes atenuados en un marco poco favorable están perfectamente protegidos. De esta manera, determina que los virus atenuados jamás son mortales y resultan ser completamente eficaces. Se presenta su descubrimiento a la Academia de las Ciencias en 1881.

Retrato de Louis Pasteur.

Ese mismo año, Robert Koch descubre el bacilo de la tuberculosis, pero no conseguirá atenuarlo en vida. Habrá que esperar hasta los franceses Albert Calmette (médico bacteriólogo, 1863-1933) y Camille Guérin (veterinaria, 1872-1961) para lograrlo e inventar la vacuna del BCG (acrónimo de bacilo de Calmette y Guérin). Por su parte, Louis Pasteur se dedicará a la vacuna contra la rabia.

LA ERRADICACIÓN DE LA VIRUELA

Desde principios del siglo XIX, las posturas en cuanto a la obligación de vacunar son diversas. Sin duda, Baviera es uno de los primeros países en imponerla, ya que a partir de 1808 el rey Maximiliano I (1756-1825) obliga a cualquier persona que no haya contraído la viruela a vacunarse, so pena de multa. En Francia, aunque no hay consecuencias económicas, las personas que se oponen a la vacunación son apuntadas en un censo. Se rechaza un primer proyecto de ley en 1880, pero la vacuna antivariólica se vuelve obligatoria el 15 de febrero de 1902. Es también el caso de Gran Bretaña a partir de 1853.

La vacunación y la política de estrecha supervisión que lleva a cabo la OMS (Organización Mundial de la Salud) a partir de los años cincuenta se encuentran en la raíz de la erradicación mundial de la viruela. Las últimas epidemias tienen lugar en Francia y afectan, sobre todo, a Marsella en 1952 y a Vannes en 1954-1955 y en el resto de Europa, en 1972. Más adelante, se detectan algunos casos esporádicos en Bangladesh y en Somalia. La viruela queda oficialmente erradicada en 1979 y la mayoría de los países han levantado la obligación de vacunación. Aun así, se conservan células madre en dos laboratorios, uno estadounidense y otro ruso.

EN RESUMEN

1721
Lady Mary Wortley inocula la viruela
a sus hijos mediante el contacto
con la enfermedad

1774
Benjamin Jesty inocula la viruela bovina
a su mujer y a sus hijos mediante una aguja

1796
**Edward Jenner recoge pus de las llagas
de Sarah Nelms, enferma de viruela
bovina, y lo inocula a James Phipps**

1797
Se envía el informe del experimento
a la Royal Society

1798
**Edward Jenner publica su obra
*Investigación sobre las causas y los efectos
de la viruela vacuna***

1818
Baviera obliga a vacunarse a todo aquel
que no haya contraído la viruela

1840
Se prohíbe la variolización en Gran Bretaña

1853
Es obligatoria la vacuna contra la viruela
en Gran Bretaña

1902
Es obligatoria la vacuna contra la viruela
en Francia

1979
**Se declara que la viruela ha sido
oficialmente erradicada**

- En 1721, Lady Mary Wortley Montagu introduce en Inglaterra la inoculación de la viruela por contacto con el enfermo.
- El 17 de mayo de 1749, Edward Jenner nace en Berkeley, en la zona rural de Gloucestershire. Apasionado por las ciencias naturales, recibe una formación de médico rural.
- En 1773, tras tres años de estudios junto al cirujano londinense John Hunter y tras conocer a James Cook, Edward Jenner vuelve a Berkeley, donde ejerce la medicina.
- En 1788, el año de su matrimonio, publica un estudio sobre el cuco que demuestra que son los polluelos quienes empujan fuera del nido los huevos de sus huéspedes.
- En 1796, tras haber estudiado la relación entre el *cowpox* (viruela de la vaca o vacuna) y el *smallpox* (viruela), realiza la primera inoculación de viruela vacuna a James Phipps, de 8 años.
- Dos años más tarde, redacta su obra titulada *Investigación sobre las causas y los efectos de la viruela vacuna*. A pesar de una tibia acogida inicial y del nacimiento de movimientos de oposición, la vacunación se extiende rápidamente por Gran Bretaña. Edward Jenner recibe una gratificación de manos del Parlamento en dos ocasiones.
- A partir de 1800, gracias a las publicaciones europeas y estadounidenses, el principio de la vacunación se extiende por todo el mundo. La vacuna viaja primero en frascos antes de que se practique de brazo en brazo. Se ve respaldada por la mayoría de los jefes de Estado y por el clero.
- En los años 1880, Louis Pasteur y Robert Koch dan un nuevo impulso a la vacunación gracias a sus descubrimientos en el campo de la bacteriología y de la inmunolo-

gía. La obligación de vacunarse se encuentra en el centro de las preocupaciones de los Gobiernos.

- Tras las últimas epidemias de los años 1950 y de principios de los años 1970, la OMS declara oficialmente la erradicación de la viruela en 1979.

¡Tu opinión nos interesa!
¡Deja un comentario en la página web de tu librería en línea,
y comparte tus favoritos en las redes sociales!

PARA IR MÁS ALLÁ

FUENTES BIBLIOGRÁFICAS

- Albou, Philippe. 1995. "La variole avant Jenner (XVIIe-XVIIIe siècles)". *Histoire des sciences médicales*. París. Consultado el 17 de mayo de 2017. http://www.biusante.parisdescartes.fr/sfhm/hsm/HSMx1995x029x003/HSMx1995x029x003x0227.pdf
- Bazin, Hervé. 1997. *Ce bon docteur Jenner. L'homme qui vainquit la variole*. París: Éditions Josette Lyon.
- Bazin, Hervé. 2008. *L'histoire des vaccinations*. Montrouge: John Libbey Eurotext.
- Bercé, Yves-Marie. 1983. "Le clergé et la diffusion de la vaccination". *Revue d'histoire de l'Église de France*, vol. 69, n.º 182, 87-106. París. Consultado el 17 de mayo de 2017. http://www.persee.fr/doc/rhef_0300-9505_1983_num_69_182_3298
- Biraben, Jean-Noël. 1979. "La diffusion de la vaccination en France au XIXe siècle". *Annales de Bretagne et des pays de l'Ouest*, vol. 86, n.º 2, 265-276. Rennes. Consultado el 17 de mayo de 2017. http://www.persee.fr/doc/abpo_0399-0826_1979_num_86_2_2981
- Cheymol, Jean. 1975. "L'honorable Société des apothicaires de Londres". *Histoire des sciences médicales*. París. Consultado el 17 de mayo de 2017. http://www.biusante.parisdescartes.fr/sfhm/hsm/HSMx1975_6x009x002/HSMx1975_6x009x002x0145.pdf
- Crouzet, François. 1966. "Angleterre et France au XVIIIe siècle: essai d'analyse compare de deux croissances économiques". *Annales. Economies, sociétés,*

civilisations, vol. 21, n.º 2, 254-291. París. Consultado el 17 de mayo de 2017. http://www.persee.fr/doc/ahess_0395-2649_1966_num_21_2_421369

- Fressoz, Jean-Baptiste. 2013. "Le vaccin et ses simulacres: instaurer un être pour gérer une population, 1800-1865". *Tracés, revue des Sciences humaines*, 77-108. Lyon. Consultado el 17 de mayo de 2017. http://traces.revues.org/5368
- Gonzalès, Jacques y Patrice Josset. *Histoire et épistémologie de la médicine*. Clase de la Universidad de Jussieu. Consultado el 17 de mayo de 2017. http://www.chups.jussieu.fr/polys/histoire_medecine/histoiredelamedecine3/histmedcours3.pdf
- Hammarsten, J. F., W. Tattersall y J. E. Hammarsten. 1979. "Who discovered smallpox vaccination? Edward Jenner or Benjamin Jesty?". *American Clinical and Climatological Association*. Consultado el 17 de mayo de 2017. https://www.ncbi.nlm.nih.gov/pmc/articles/PMC2279376/pdf/tacca00099-0087.pdf
- Huth, Edward. 2006. "Quantitative evidence for judgements on the efficacy of inoculation for the prevention of smallpox: England and New England in the 1700s". *Journal of the Royal Society of Medicine*, 262-266. Londres. Consultado el 17 de mayo de 2017. https://www.ncbi.nlm.nih.gov/pmc/articles/PMC1457746/
- Iogna-Prat, Simon y Fabian Simond. 2001. *La révolution agricole en Angleterre*. Exposición de la Universidad de Lausana. 26 de abril. Consultado el 17 de mayo de 2017. http://www.hec.unil.ch/jlambelet/expose100401.pdf
- Jussiau, Roland, Louis Montméas y Jean-Claude Parot. 2000. *L'élevage en France, 10 000 ans d'histoire*. Dijon:

Éducagri Éditions.

- Lakhani, S. 1992. "Early clinical pathologists: Edward Jenner (1749-1823)". *Journal of Clinical Pathology*, 756-758. Londres. Consultado el 17 de mayo de 2017. https://www.ncbi.nlm.nih.gov/pmc/articles/PMC495097/?page=1
- Leavell, B. S. 1977. "Thomas Jefferson and smallpox vaccination". *American Clinical and Climatological Association*. Consultado el 17 de mayo de 2017. http://www.ncbi.nlm.nih.gov/pmc/articles/PMC2441396/pdf/tacca00105-0168.pdf
- Thirsk, Joan y Maïca Sanconie. 1999. "L'agriculture en Angleterre et en France de 1600 à 1800: contacts, coïncidences et comparaisons". *Histoire, économie et société*, vol. 18, n.° 1, 5-24. Londres. Consultado el 17 de mayo de 2017. https://www.ncbi.nlm.nih.gov/pmc/articles/PMC495097/?page=1

FUENTES COMPLEMENTARIAS

- Aisenstein, Marilia. 2003. "Des immunités". *Revue française de psychosomatique*. París. Consultado el 17 de mayo de 2017. https://www.cairn.info/revue-francai-se-de-psychosomatique-2003-1-page-97.htm
- Lamblin, Géraldine. "La vaccination antivariolique dans les campagnes auboises au XIXe siècle". *La vie en Champagne*. Consultado el 17 de mayo de 2017. http://lavie-enchampagne.com/pdf/numero68/article4.pdf
- Santos, Guillermo Martín y Hernán Eduardo Thomas. 2012. "Inoculations, processions religieuses et quarantaines. Configurations socio-techniques des varioles en Amérique latine: fonctionnement et circulation des

connaissances entre l'Europe, l'Afrique et l'Amérique au XVIIIᵉ siècle". *Revue d'anthropologie des connaissances*. París. Consultado el 17 de mayo de 2017. https://www.cairn.info/revue-anthropologie-des-connaissances-2012-2-page-381.htm

- Théodoridès, Jean. 1973. "Quelques grands précurseurs de Pasteur". *Histoire des sciences médicales*. París. Consultado el 17 de mayo de 2017. http://www.biusante.parisdescartes.fr/sfhm/hsm/HSMx1973x007x004/HSMx1973x007x004x0336.pdf

FUENTES ICONOGRÁFICAS

- Retrato de Edward Jenner, por John Raphael Smith. La imagen reproducida está libre de derechos.
- Jenner realizando su primera vacunación en James Phipps el 14 de mayo de 1796, cuadro de Ernest Board. La imagen reproducida está libre de derechos.
- Retrato de Robert Bakewell. La imagen reproducida está libre de derechos.
- Lady Mary Wortley Montagu con su hijo Edward, cuadro de Jean-Baptiste van Mour. La imagen reproducida está libre de derechos.
- Retrato de Robert Koch. La imagen reproducida está libre de derechos.
- Retrato de Louis Pasteur. La imagen reproducida está libre de derechos.

DOCUMENTAL

- *Smallpox through time* Dirigido por el Jenner's Museum y el Wellcom Trust. Gran Bretaña: 2010. http://timelines.tv/index.php?t=3&e=7

LUGAR DE MEMORIA

- Jenner's Museum en Berkeley, Gran Bretaña.

en50MINUTOS.es
Historia
Economía y empresa
Coaching
Book Review
Salud y bienestar
EL DIAGRAMA DE ISHIKAWA
LA GUERRA DE PALESTINA DE 1948
DOMINA EL ARTE DEL NETWORKING

www.en50Minutos.es

ISBN ebook: 9782806295156

ISBN papel: 9782806295163

Depósito legal: D/2017/12603/150

Libro realizado por Primento, *el socio digital de los editores*